Unsere GIRAFFEN-KARTEI

Simone Wölfel

Kinder üben selbstständig Gewaltfreie Kommunikation mit der Giraffensprache

In 4 Schritten Konflikte lösen

Verlag an der Ruhr

Impressum

Titel

Unsere Giraffen-Kartei

Kinder üben selbstständig Gewaltfreie Kommunikation mit der Giraffensprache

In 4 Schritten Konflikte lösen

Autorin

Simone Wölfel

Umschlagmotive und Illustrationen im Innenteil

Anna-Lena Kühler

Druck

Vereinte Druckwerke GmbH, Neuss, DE

Verlag an der Ruhr
Mülheim an der Ruhr
www.verlagruhr.de

Geeignet für die Klassen 2–4

ISBN 978-3-8346-4429-9

Inhaltsverzeichnis

Vorwort

Lena kommt nach der Pause in die Garderobe ihres Klassenzimmers. Paul, ein Klassenkamerad, nimmt ihren Hausschuh, schmeißt ihn im hohen Bogen aus der Garderobe und lacht sie lauthals aus. Lena spürt, wie die Wut in ihr aufsteigt. Ihr Magen wie auch der Rest des Körpers verkrampfen sich in Windeseile. „Wie gemein bist du denn? Hol sofort meinen Schuh wieder her, du Blödmann", schreit Lena. Ihre Wut wird noch stärker, als sie sieht, dass Paul jetzt auch noch von Timo für sein Tun bewundert und angefeuert wird. „Du bist doch selber schuld, wenn du die Schuhe auch immer mitten im Weg liegen lässt", wettert Timo nun. Lena ist fassungslos und geht zur Lehrerin.

Solche und ähnliche Situationen kennen wir zuhauf aus dem Schulalltag. Als Lehrkraft versucht man nun häufig, die Situation mit den Kindern zu klären, schaut, wer angefangen hat und wer sich bei wem wofür entschuldigen muss. Aber ist Lena damit wirklich geholfen? Hat sie mit einer Entschuldigung wirklich das bekommen, was sie braucht? Und Paul? Hatte er nicht auch einen Grund, warum er Lenas Schuh weggeworfen hat? Müsste sie sich nicht auch bei ihm für etwas entschuldigen?

Bevor ich die Gewaltfreie Kommunikation nach Marshall B. Rosenberg kannte, handelte ich als Lehrerin häufig genau nach diesem Prinzip. Konflikte wurden mit der Suche nach einem*einer Schuldigen gelöst. Je nach „Tatbestand" wurden möglicherweise auch noch Konsequenzen ausgesprochen. Diese Art des Umgangs mit Konfliktsituationen wandelte sich in meinem Lehrerleben mit dem Kennenlernen der sogenannten „Giraffensprache" langsam aber sicher. Zugegeben, ich habe es nicht von heute auf morgen geschafft, die „alten Prinzipien" loszulassen, und hin und wieder merke ich auch heute noch, dass die Schuld zuweisenden Lösungsversuche, die man seit Kindheitstagen eingetrichtert bekommen hat, nicht völlig verschwunden sind. Gleichzeitig hat die Giraffensprache Einzug in mein Herz gehalten und erinnert mich zum Glück regelmäßig an ganz neue Möglichkeiten der Verständigung.

Rosenbergs Giraffensprache ist keine Sprache der Schuldzuweisung, sie sucht keinen Schuldigen. Sein Konzept der Gewaltfreien Kommunikation schaut vielmehr hinter die Fassade der Handlung. Warum tut jemand so was? Was treibt ihn an, was fehlt ihm, dass er sich so „gewalttätig" verhält? Wenn man sich auf diese oftmals sehr tief gehende Reise begibt, ist es möglich, Konflikte zu lösen, ohne sich am Ende „ent"schuldigen zu müssen.

In diesem Begleitheft lernen Sie mehr über diese friedliche Art der Kommunikation, erfahren, wie Sie die Karteikarten mit Konfliktsituationen aus dem Schulalltag geschickt in der Praxis einsetzen können, und finden zur Ergänzung Ihrer Arbeit mit Ihrer Klasse noch einige Kopiervorlagen.
Ich wünsche Ihnen eine wundervolle Reise in die Herzen der Menschen mit vielen faszinierenden Erfahrungen im Schulalltag wie auch im Privatleben.

Simone Wölfel

Der Verlag an der Ruhr legt großen Wert auf eine geschlechtergerechte und inklusive Sprache. Daher nutzen wir das Gendersternchen, um sowohl männliche und weibliche als auch nichtbinäre Geschlechtsidentitäten einzuschließen. Alternativ verwenden wir neutrale Formulierungen. In Texten für Schüler*innen finden sich aus didaktischen Gründen neutrale Begriffe bzw. Doppelformen.

Marshall B. Rosenberg – der Erfinder der Giraffensprache

Marshall Bertram Rosenberg (geboren 1934) wuchs als Kind zunächst die ersten neun Jahre seines Lebens in einer Kleinstadt in Ohio auf. Als die Familie wegen des Berufs des Vaters 1943 nach Detroit umzog, erkannte Marshall schnell, zu welchen Gewalttaten Menschen in der Lage sind. Er erlebte die dortigen Rassenunruhen aus nächster Entfernung mit und war erschrocken über diese Masse von Gewalt. Als Kind einer jüdischen Familie war er auch persönlich Anfeindungen ausgesetzt. Gleichzeitig machte er sich bereits in diesem Alter Gedanken über die Beweggründe für ein solches Verhalten und überlegte zudem, warum es wiederum anderen Menschen selbst in Extremsituationen gelang, in auffallend positivem Einklang mit anderen zu kommunizieren.

Die Frage nach dem Entstehungsgrund der psychischen sowie physischen Gewalt unter den Menschen ließ Rosenberg auch im Erwachsenenalter nicht los. 1953 begann er mit dem Psychologiestudium und fand in den folgenden Jahren große Vorbilder für sein späteres Wirken. Unbedingt erwähnt werden muss an dieser Stelle Mahatma Gandhi, dessen friedlicher Kampf für Gewaltlosigkeit ihn besonders inspirierte. Im Jahr 1963 begann Marshall B. Rosenberg mit der Entwicklung des Konzepts der Gewaltfreien Kommunikation, unternahm viele Studien hierzu und war knapp 20 Jahre später Gründer des Centers for Nonviolent Communication in Sherman, Texas. Weltweit hatte er seitdem viele Multiplikatoren in GfK (Gewaltfreie Kommunikation) ausgebildet und war selbst in vielen Krisen- und Kriegsgebieten als Mediator erfolgreich unterwegs. Am 7. Februar 2015 verstarb Marshall B. Rosenberg mit 80 Jahren in Albuquerque, New Mexico. Er hinterlässt weltweit eine große Anhängerschaft, die sein Konzept der Gewaltfreien Kommunikation mit großer Überzeugung und Begeisterung weitergibt.

Rosenbergs Konzept der Gewaltfreien Kommunikation

Wie Sprache uns verbinden kann

Aus meiner Kindheit stammt der Satz „Der liebe Gott hat einen großen Tiergarten" und je älter ich werde, desto mehr wird mir bewusst, wie unterschiedlich wir Menschen sind und wie sehr uns manchmal scheinbar das Verständnis füreinander fehlt. Jeder hat in seinem Leben ganz eigene Erfahrungen gemacht, eine spezielle Art der Erziehung genossen und auch der Einfluss der weiteren Umwelt sei hier nicht zu unterschätzen. Manchmal stehen Konflikte im Raum, die uns wortwörtlich wie Mauern voneinander trennen können.

Aber neben allem Unverständnis dürfen wir nicht vergessen, dass uns Menschen sehr wohl etwas verbindet, auch wenn wir noch so unterschiedlich scheinen: Jede*r von uns weiß, wie es sich anfühlt, wenn man traurig ist und Trost braucht, wenn man frustriert ist, weil man etwas nicht allein schafft und Hilfe benötigt, oder wenn man ausgelacht wird und sich Respekt wünscht. Unsere Gefühle und Bedürfnisse sind der Schlüssel zu unseren Herzen und gleichzeitig die Eintrittskarte zum gegenseitigen Verständnis. Der Weg dorthin ist mit Empathie gepflastert, die uns hilft, Mauern und scheinbar unüberwindbare Grenzen zu durchbrechen und mit der Aussprache von Gefühlen und Bedürfnissen eine Herzensverbindung zueinander zu finden.

Genau diese Verbindung durch gegenseitiges Verständnis war für Rosenberg der Kern seines Konzepts der Gewaltfreien Kommunikation. Er entwickelte mit seinem Wissen eine Sprache, die uns eigentlich aus Urzeiten bereits bekannt war, an die wir uns nur zurückerinnern und die wir wieder als innere Haltung annehmen müssen.

Gewaltfreie Kommunikation – ein Beitrag zur Gesundheit

Mit Gewaltfreier Kommunikation gelingt es uns nicht nur hin und wieder, einen Konflikt friedlich zu lösen. Nein, mit Gewaltfreier Kommunikation erhalten wir insgesamt mehr Lebensqualität, vor allem mit Blick auf unsere Gesundheit. Viele Menschen haben bereits erkannt, dass die GfK und damit auch der achtsame Umgang mit unserem Körper sich deutlich positiv auf unsere Stimmungslage auswirken können. Der wertschätzende und einfühlende Umgang mit mir selbst ist für die Gesundheit langfristig von großem Nutzen.

→ **Steigerung des geistigen Wohlbefindens**
Ich achte auf mich, nehme eigene Gefühle und Bedürfnisse wahr und sorge für mein Wohl.

→ **Steigerung des körperlichen Wohlbefindens**
Unterdrückte Gefühle und Bedürfnisse können sich langfristig zu körperlichen Beschwerden ohne organischen Hintergrund, sogenannte psychosomatische Beschwerden, entwickeln.

→ **Bessere soziale Beziehungen**
Offenheit, Ehrlichkeit, Mitgefühl und Dankbarkeit tun jeder Beziehung gut.

Die Giraffe und der Wolf

Als Symboltier für die Gewaltfreie Kommunikation wählte Rosenberg die Giraffe. Sie schien ihm deswegen besonders geeignet, weil sie ein paar besondere Eigenschaften besitzt.

➜ Die Giraffe präsentiert sich uns als **entspanntes und ruhiges Tier**, das mit allen anderen Tieren friedlich zusammenlebt.

➜ Da sie so hochgewachsen ist und zudem noch einen sehr langen Hals hat, benötigt sie ein kräftiges und **großes Herz**, um das Blut bis in das Gehirn zu pumpen. Dieses mächtige Herz ist ein ganz besonderes Merkmal mit Blick auf die Gewaltfreie Kommunikation, denn es erinnert uns Menschen neben dem biologischen Vorteil auch an zwischenmenschliche Aspekte. Wer ein großes Herz hat, gilt als **freundlich und friedliebend**.

➜ Die Giraffe kann durch ihre **enorme Körpergröße** zudem auch sehr vieles hervorragend beobachten. Ihr **Weitblick** über sämtliche Hindernisse ermöglicht es ihr, Situationen sehr vielschichtig und aus verschiedenen Perspektiven zu betrachten.

Wenn man diese Eigenschaften auf den Menschen überträgt, wird einem schnell bewusst, dass es sich um eine Person handelt, die anderen unvoreingenommen und positiv begegnet und zudem genau hinschaut und nicht vorschnell urteilt.

Als Gegenspieler der Giraffe wählte Rosenberg den Wolf

➜ Seine typische, geduckte Haltung spiegelt vorschnelle, verurteilende Reaktionen wider. Aufgrund seiner eher einseitigen Perspektive ist er nicht so gut in der Lage, Situationen mehrschichtig zu beobachten.

➜ Auch das klassische Zähnefletschen und der Umgang miteinander im Wolfsrudel erinnern an eine gewaltvolle Kommunikation.

An dieser Stelle muss jedoch auch erwähnt werden, dass Rosenberg den Wolf nicht als negativ besetztes Tier darstellen wollte. Auch der Wolf hat seine Berechtigung und soll nicht als Feindbild genutzt werden. Er erinnert uns vielmehr daran, dass wir nicht immer sachlich und geschickt mit eigenen Gefühlen und Bedürfnissen umgehen können. Wir erleben in unserem Leben Situationen, die wir mit unangenehmen Gefühlen abspeichern, die später vielleicht sogar Körperreaktionen hervorrufen, mit denen wir gar nicht rechnen und die wir auch nicht immer sofort sachlich einordnen können. Genau diese manchmal unkontrollierten Verhaltensweisen, vor denen die meisten nicht bewahrt werden, stellen uns das symbolische Wolfsverhalten dar.

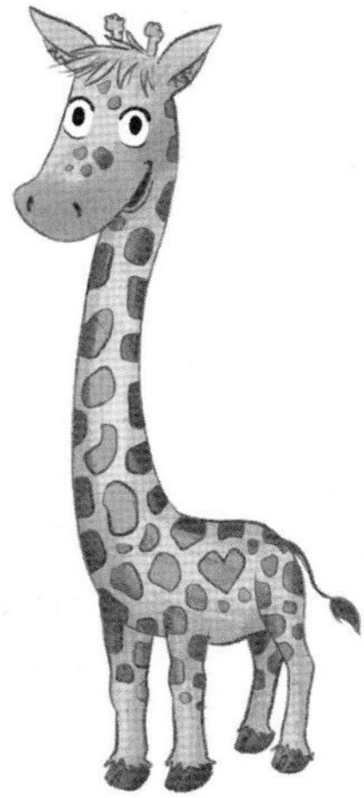

Rosenbergs Giraffen- und Wolfssprache unterscheidet sich demnach deutlich voneinander:

Giraffensprache	Wolfssprache
• schaut genau hin und spricht sachlich • nimmt wahr, wie es dem Gegenüber geht • nimmt wahr, wie es ihr selbst geht • nutzt häufig „Ich-Formulierungen", um auszudrücken, was sie fühlt und braucht • bringt Verständnis für den Wolf auf und versucht, ihm trotz seiner anschuldigenden Haltung zu helfen	• beschuldigt • beschimpft • verurteilt vorschnell • benutzt verletzende Worte • benutzt Füll-Wörter wie: immer, ständig, oft, nie
Insgesamt eine prozessorientierte Sprache, die beiden Seiten Raum gibt, sich zu äußern, und nicht fordert.	**Die Wolfssprache ist eine verurteilende und statische Sprache, die wenig Raum lässt, ergebnisoffen zu sprechen.**

Die 4 Schritte der Giraffensprache

Rosenberg hat sein Konzept der Gewaltfreien Kommunikation in vier Schritte gegliedert, die von besonderer Bedeutung für eine verbindende Sprache sind. Um den Kindern in der Grundschule das Abspeichern dieser Punkte zu erleichtern, wurden Symbole als Merkhilfe gewählt.

1. Die Beobachtung

wertfrei
sachlich
ehrlich
unabhängig

Wer giraffisch sprechen möchte, sollte in besonderen Situationen als Erstes ganz genau hinschauen und hinhören. Der Giraffe gelingt es auf eine besondere Art und Weise, sachlich und wertfrei zu beobachten und zu beschreiben.

BEISPIEL

Giraffe: „Du sprichst laut, während ich neben dir sitze."
Wolf (wertend): „Kannst du endlich mal leise sein?" oder „Du störst!"

Dass dies für uns Menschen nicht selbstverständlich ist, erkennen wir an sämtlichen zwischenmenschlichen Konflikten aus dem Alltag. Häufig spielen hier Gedanken und alte Gefühle mit hinein, die unsere Wahrnehmung verändern können. Die meisten Menschen reagieren oftmals mit erlernten Verhaltensmustern und denken erst dann über das Geschehene nach. Manchmal urteilen wir aber auch nur vorschnell, weil wir denken, eine Situation richtig einzuschätzen und genau hingeschaut zu haben.

2. Die Gefühle

Ich bin …
fröhlich, traurig, ängstlich, frustriert,
verwirrt, wütend, erschrocken,
verärgert, zufrieden, entspannt,
gelassen, müde

Besonders gut kann die Giraffe auch die Gefühle von sich und ihrem Gegenüber erkennen. Häufig fragt sie hier nach, ob sie bei der Wahrnehmung des anderen richtigliegt, und zeigt damit echtes Interesse am Befinden. Sie versucht auch hierbei, möglichst genau zu beschreiben, und nutzt viele verschiedene Gefühls-Wörter.

BEISPIEL

„Ich bin frustriert." oder auf den anderen bezogen: „Kann es sein, dass du frustriert bist?"

Echte Gefühle oder Pseudogefühle?

Echte Gefühle können wir körperlich spüren. Studien haben gezeigt, dass die Proband*innen bei Erzeugung gleicher Gefühle, in ganz ähnlichen Körperregionen Empfindungen gespürt haben. Zum Beispiel sitzt die Angst häufig in der Brust. Bei diesen Untersuchungen entstanden ganze Körperlandkarten. An diesen deutlichen Körperreaktionen, wie Schmerz, Druck oder auch Wärme oder Kribbeln, erkennen wir ein echtes Gefühl.

➜ häufige Formulierung (echt): „Ich bin …"

Pseudogefühle sind dagegen nicht körperlich spürbar. Nicht selten haben wir in unserem Sprachgebrauch Sätze wie „Ich fühle mich ausgeschlossen" oder „Ich fühle mich provoziert". Dahinter stecken zwar echte Gefühle, sie werden jedoch als Anschuldigung an den anderen wortwörtlich falsch verpackt.

➜ häufige Formulierung (Pseudo): „Ich fühle mich ..."

Die Giraffe nutzt in ihrem Wortschatz nur echte Gefühle!

3. Die Bedürfnisse

Sicherheit
Ruhe
Lernen
Gemeinschaft
Wertschätzung
Essen und Trinken

Respekt
Rücksicht
Freundschaft
Hilfe
Sinn
Bewegung

Die Bedürfnisse sind der eigentliche Kern von Rosenbergs Giraffensprache. Wir Menschen haben alle die gleichen Bedürfnisse. Genau dies verbindet uns und lässt uns einander verstehen. Marshall Rosenberg hat festgestellt, dass die Bedürfnisse eine Art Antriebskraft für unser Tun sind. Jedes Verhalten eines Menschen hat seinen Grund und ist mit dem Streben nach Erfüllung der Bedürfnisse begründet. Welche speziellen Bedürfnisse hinter dem jeweiligen Handeln stehen, gilt es, dabei herauszufinden.

Die Giraffensprache erinnert uns an diesen Hintergrund unseres Verhaltens und den unseres Gegenübers. Sie versucht, uns zu helfen, unerfüllte Bedürfnisse ehrlich und offen auszudrücken.

BEISPIEL

> **Giraffe:** „Ich brauche Ruhe." oder auf den anderen bezogen: „Brauchst du Ruhe?"

4. Die Bitte

sachliche, konkrete, ergebnisoffene Bitte

Um einen Konflikt wirklich zu lösen, sollte man nach Klärung der Situation, der Gefühle und Bedürfnisse, für sich selbst sorgen, ohne sein Gegenüber mit Worten in eine Ecke zu drängen. Die Bitte unterscheidet sich hier am Ende sehr deutlich von einer Forderung. Als geschickte Formulierung wird meistens die Fragestellung gewählt.

BEISPIEL

> **Giraffe (ergebnisoffen):** „Könntest du leise sein?"
> **Wolf (fordernd):** „Sei leise!"

Sie klärt damit ehrlich und konkret, was sich die eine Partei wünscht, um ein erfülltes Bedürfnis zu erlangen. Gleichzeitig stellt sie den Gegenpart mithilfe der Fragestellung vor die Wahl und lässt ihn nachdenken, ob mit der Erfüllung der Bitte auch seine Bedürfnisse beachtet werden. Ist dies nicht der Fall, muss er eine Alternative der Konfliktlösung vorschlagen und seinen Wunsch äußern.

BEISPIEL

„Da ich mit meinem Nachbarn eine Aufgabe in Partnerarbeit besprechen muss, kann ich nicht ganz leise sein. Wir könnten aber in den Gruppenraum zum Besprechen gehen. Wäre dir damit geholfen?"

Hier wird auch wieder die Prozessorientierung von Rosenbergs Gewaltfreier Kommunikation deutlich sichtbar. Mit Ablehnung der Bitte gehen die Verhandlungen weiter, bis sich beide Parteien mit einer Lösung wohlfühlen. Indem beide ihre Bedürfnisse äußern, ist es für den anderen leichter, das Abschlagen der Bitte nicht persönlich zu nehmen.
Entscheidend ist hierbei also nicht das Wort „Bitte", das uns allen von Kindheitstagen an eingetrichtert wurde, sondern die freundliche und offene Haltung, die hinter der „Bitte" steht.

Die große Ausnahme

Bei aller Gewaltfreiheit kam Rosenbergs Konzept der friedlichen und verbindenden Kommunikation jedoch nicht ganz ohne Gewalt aus. Für ihn gab es dennoch Situationen, die ein körperliches Eingreifen ohne vorherige Absprache mit dem Gegenüber zwingend machten, die sogenannte „schützende Gewalt". Hierzu zählen zum Beispiel Situationen wie:

- ➜ Ein Kind läuft naiv auf die Straße, die Mutter zieht es am Arm wieder zu sich. Schützende Gewalt in Verkehrssituationen, die Kinder je nach Alter noch nicht überblicken können. Ähnliche Situationen gibt es z. B. im Haushalt.
- ➜ Ein Schüler kann sein impulsives Verhalten im Klassenverband in speziellen Situationen kaum kontrollieren. Er erhält gegen seinen Willen eine Konsequenz, um die übrigen Kinder zu schützen. Hier gilt die schützende Gewalt nicht nur den anderen Kindern in der Gruppe, sondern ebenso ihm selbst.

Auch in diesen Situationen darf man am Ende nicht vergessen, dass auch das einzelne Kind auf der Straße oder im Klassenverband zwar kurzfristig Gewalt erfährt, jedoch nach Beruhigung der Situation genauso liebevoll angenommen und verstanden werden möchte wie jedes andere. Auch diese Kinder hatten Gründe für ihr Verhalten und wollten damit eigene Bedürfnisse erfüllen. Gleichzeitig haben sie noch nicht überblickt, welche Gefahren ihr Verhalten mit sich bringt, und werden aus solchen Situationen eigene Erfahrungen mitnehmen. Manchmal stecken hinter diesem Verhalten auch ernsthafte Erkrankungen, die von Expert*innen hinterfragt werden sollten, um Verständnis für das Kind aufzubringen.

Zum Einsatz der Giraffen-Kartei

Aufbau der Karteikarten

Jede Karte der Giraffen-Kartei beschäftigt sich mit einer Konfliktsituation aus dem Grundschulalltag. Das Thema erscheint als Überschrift auf der Karte, direkt darunter wird die Entstehung des Konflikts beschrieben. Nun erhalten die Kinder mit den Fragen zu den 4 Schritten der Gewaltfreien Kommunikation eine Hilfe, um die Situation beispielhaft zu lösen. Auf der Rückseite steht ein möglicher Lösungsansatz, der jedoch flexibel zu sehen ist, da auch andere Gefühle und Bedürfnisse benannt werden können.

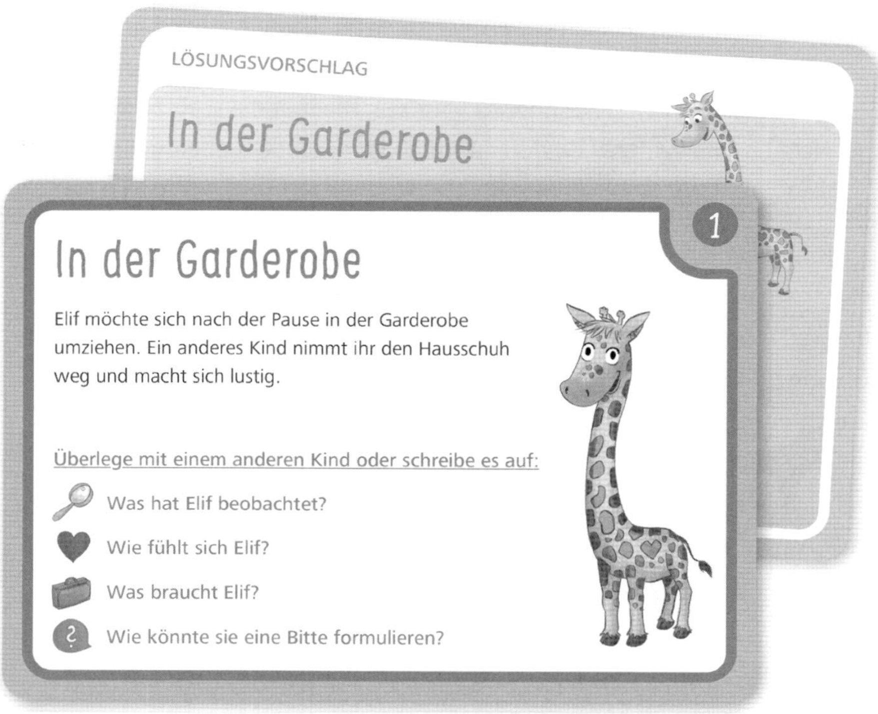

Voraussetzung für den Einsatz der Kartei

Einführung des Themas

Voraussetzung für den Einsatz der Giraffen-Kartei ist die vorherige Erarbeitung der 4 Schritte der Gewaltfreien Kommunikation im Unterricht. Eine mögliche Einführung könnte folgendermaßen aussehen:

1. Die Kinder lernen die Giraffe als friedliches und großes Tier kennen, welches das größte Herz aller auf dem Land lebenden Tiere besitzt, und bringen es in Verbindung mit den besonderen Eigenschaften eines friedliebenden Menschen, der selten in Konflikte gerät und Situationen wertfrei beobachtet.
2. Das Wort „Giraffensprache" wird eingeführt und als Gegensatz zu konfliktreicher Kommunikation erkannt.
3. Die Kinder lernen nach und nach die 4 Schritte der Gewaltfreien Kommunikation kennen. Hierbei ist es besonders wichtig, ihnen ausreichend Wortschatz an die Hand zu geben, der ausführlich erklärt wird. Auch Sie als Lehrervorbild sollten den Wortschatz im Unterrichtsalltag authentisch nutzen.
4. Der eigene sowie individuell erarbeitete Wortschatz sollte sichtbar im Klassenzimmer zum Üben ausliegen oder hängen, sodass die Kinder damit jederzeit arbeiten können.
5. „Training" der Giraffensprache
   - ➜ in konkreten Situationen des Schulalltags, z. B. Unterricht, Pause, Sport, Schulweg
   - ➜ anhand von Beispielsituationen im Unterricht, z. B. mithilfe der Giraffen-Kartei
   - ➜ Auch die Arbeitsblätter ab Seite 30 bieten sich hervorragend zum Trainieren und Diskutieren an. Ggf. sollten Sie diese vergrößert auf A4 kopieren. Mitunter kann es sein, dass die Kinder verschiedene Worte finden. Das darf, wenn es stimmig ist, so aufgenommen werden.

Wortschatzerarbeitung

Geben Sie den Kindern in Übungsphasen und auch in konkreten Situationen des Alltags immer einen Wortschatz für Gefühle und Bedürfnisse an die Hand. Im Idealfall ist dieser vorher mit den Kindern gemeinsam erarbeitet worden und sollte bei Bedarf erweitert werden.

Der Wortschatz kann auf ganz verschiedene Arten präsentiert werden:

➜ Wortkarten
➜ Bildkarten (fertige Karteien, selbst gemalte Bilder der Kinder)
➜ Fotos (Gefühle-Fotos, z. B. mit Gesichtern der Kinder, von den Kindern nachgestellte Bedürfnisse auf Fotos)
➜ Plakate
➜ Listen

Der Einsatz im Unterricht

Die Giraffen-Kartei ermöglicht den Kindern, an vielfältigen Situationen des Schulalltags die Lösung von Konflikten mithilfe der Giraffensprache zu üben. Durch die vier konkreten Fragen, welche die vier Schritte der GfK abfragen, erhalten sie auf einfache Art und Weise eine Hilfe, den Ablauf zu beachten.

Passende Sozialformen wählen

Bei der Giraffensprache geht es, wie der Name schon sagt, um Kommunikation. Deshalb sollten unbedingt Sozialformen mit zwei oder mehreren Kindern gewählt werden. Der Austausch und die Diskussion sind hier von besonderer Bedeutung und ermöglichen den Kindern, noch weiter zu denken. Zudem sind Partner- und Gruppenarbeit ein hervorragendes Übungsfeld, um Gefühle und Bedürfnisse des anderen wahrzunehmen sowie eigene zu vertreten.

Mündlich, schriftlich oder praktisch

Die Karteikarten können je nach Klasse, Klassenstufe oder Vorlieben ganz unterschiedlich bearbeitet werden.

Mündlich:

Verschiedene Methoden des Diskutierens (z.B. Partner- oder Gruppendiskussion, Fishbowl, Kugellager etc.) bieten sich hier an, um die Konfliktsituationen gemeinsam zu lösen. Es können verschiedene Gruppen unterschiedliche Karten diskutieren oder auch alternativ die ganze Klasse sich einer Karte widmen und am Ende verschiedene Lösungen präsentieren.

Schriftlich:

Möglichkeiten wie Mindmapping oder Placemat bieten sich als schriftliche Gedankensammlung an. Eine sinnvolle, strukturierte Präsentation der Gruppe könnte ein Plakat darstellen. Das Plakat sollte die Symbole der vier Schritte beinhalten, um für andere Gruppen übersichtlicher und leichter nachvollziehbar zu sein. Zudem erleichtern es die Symbole den Kindern, alle Schritte im Blick zu behalten.

Praktisch:
Eine besonders intensive Form der Bearbeitung ist das Sich-Hineinversetzen in einzelne Situationen. Die Gruppen können den Konflikt mitsamt der Lösung im Rollenspiel darstellen. Diese Methode sollte in allen Klassenstufen regelmäßig praktiziert werden. Je eher die Kinder mit dieser Form der Umsetzung beginnen, desto leichter fällt es ihnen später, sich in Situationen sowohl im Rollenspiel als auch im konkreten Fall auszudrücken.

Weiterführung
Auf den 55 Karteikarten finden die Kinder sämtliche Konfliktsituationen aus dem Schulalltag der Grundschule, sodass sie sich in der Regel recht leicht hineinversetzen können.
Dennoch gibt es immer wieder kritische Momente, die nicht in der Kartei zu finden sind.
Hier bietet es sich an, weitere Karteikarten individuell zu erstellen und die Kartei so nach individuellen Bedürfnissen zu erweitern.

Thematische Übersicht der Konfliktsituationen

	Titel	Was ist passiert?	Gefühl	Bedürfnis
1.	**In der Garderobe**	Hausschuh wegnehmen, sich lustig machen	traurig (wütend/ frustriert)	Respekt (ernst genommen werden)
2.	**Ärger in der Reihe**	treten und weglaufen	wütend (erschrocken/ entsetzt)	Harmonie/ Sicherheit (wohlfühlen)
3.	**In der Pause**	auf den Po hauen, lachen, weglaufen	irritiert (erschrocken/ verärgert)	Respekt (ernst genommen werden)
4.	**Zu viel los in der Garderobe**	wegschubsen, weil im Weg	verärgert (wütend/ überrascht)	Rücksicht (möchte gesehen werden)
5.	**Auf dem Weg in die Pause**	sich in den Weg stellen, nicht durchlassen	unsicher (irritiert)	Klarheit (Frieden)
6.	**Auf dem Spielplatz**	Schaukel die ganze Zeit besetzen	frustriert, (ungeduldig/ wütend)	Spaß (möchte auch schaukeln)
7.	**Erpressung?**	Sachen mitbenutzen wollen, sonst Sachen wegnehmen	verärgert (hilflos/ erschrocken)	Respekt (ernst genommen werden)
8.	**Spiel mit!**	nicht mitspielen lassen, auslachen	traurig (frustriert)	Gemeinschaft (möchte auch spielen)
9.	**Das tut weh!**	am Arm ziehen, dadurch wehtun	verärgert (wütend/ erschrocken)	Mitgefühl (Respekt)

	Titel	Was ist passiert?	Gefühl	Bedürfnis
10.	**Bälle in der Pause**	Ball wegnehmen	verärgert (frustriert)	Respekt (ernst genommen werden)
11.	**Im Sportunterricht**	auslachen, weil man im Sport nicht so gut ist	traurig (frustriert)	Mitgefühl (Unterstützung)
12.	**Mannschaften wählen**	laut sagen, dass man jemanden bewusst nicht in die Mannschaft wählt, weil er schlecht ist, auslachen	traurig (verärgert/ frustriert)	Verständnis und Gemeinschaft (Mitgefühl)
13.	**Langweilig?**	Blödsinn beim Sport machen, sodass die Mannschaft verliert	verunsichert (verärgert/ frustriert)	zuverlässige Mitspieler*innen
14.	**Pssst!**	laut reden und dadurch stören	verzweifelt (frustriert)	Ruhe
15.	**Im Erzählkreis**	auslachen, weil jemand keinen Platz findet	frustriert (traurig)	Respekt
16.	**Auf dem Schulweg**	sehen, dass jemand mit zur Schule laufen möchte, aber dennoch weglaufen und es auch noch laut sagen	verunsichert (ängstlich/ traurig/frustriert)	Gemeinschaft (Schutz/Sicherheit)

	Titel	Was ist passiert?	Gefühl	Bedürfnis
17.	**In der Gruppe**	laut sagen, dass jemand nicht gut lesen kann und abschreibt	verzweifelt (frustriert/traurig)	Hilfe (Verständnis)
18.	**Mein Tisch-nachbar**	sich am Tisch breit machen, sodass kaum noch Platz ist	irritiert (verärgert)	Platz
19.	**Mathe-Aufgaben**	erklärte Aufgabe nicht verstehen	frustriert (verzweifelt)	Hilfe (Unterstützung)
20.	**Das macht doch Spaß!**	Schlüssel schleu-dern, sodass jemand fast getroffen wird	ängstlich (erschrocken)	Sicherheit (Rücksicht)
21.	**Einfach umgerannt**	umrennen, sodass jemand hinfällt	verärgert (erschrocken)	Rücksicht (Sicherheit)
22.	**Alleine auf dem Schulweg**	jemanden versetzen	unsicher (aufgeregt/ verärgert)	Zuverlässigkeit/ Sicherheit (sich auf Abspra-chen verlassen)
23.	**Abgesagt**	Verabredung ab-sagen, weil man Hausaufgaben machen muss, sich dann jedoch mit jemand anderem treffen	irritiert (verunsichert/ verärgert)	Ehrlichkeit

	Titel	Was ist passiert?	Gefühl	Bedürfnis
24.	**Zappelphilipp?**	wegen Herumwippens ermahnt werden	frustriert (aufgeregt)	Bewegung
25.	**Geschummelt**	beim Kartenspiel schummeln und Mitspielerin in die Karten schauen	ärgerlich	Fairness
26.	**Pause**	ermahnt werden, weil man die Hausaufgaben schneller fertig machen soll	frustriert (hilflos)	Erholung (Pause), Verständnis
27.	**Geheimnisse**	ein Geheimnis weitererzählen	enttäuscht (irritiert)	Verlässlichkeit/ Vertrauen
28.	**Streit in der Pause**	schubsen und sich lustig machen	traurig (wütend/ frustriert)	Respekt (Frieden/Ruhe)
29.	**Besondere Kleidung**	auslachen, weil ein Kind komische Kleidung trägt	traurig (aufgeregt, frustriert)	Respekt (Mitgefühl/ Akzeptanz)
30.	**Umarmungen**	umarmen, ohne vorher zu fragen	erschrocken (irritiert)	Selbstbestimmung über Berührungen
31.	**Reinrufen**	in die Klasse reinrufen, obwohl gerade jemand anderes dran ist	verärgert (wütend/ frustriert)	Zeigen der eigenen Leistung

Titel		Was ist passiert?	Gefühl	Bedürfnis
32.	**Verloren**	wütend sein, weil verloren; auf Gegner einschlagen	ängstlich (erschrocken/ entsetzt)	Sicherheit
33.	**Festgehalten**	festhalten	aufgeregt (erschrocken/ verängstigt)	Freiheit
34.	**Einfach runter-gefallen**	am Tisch vorbeigehen und fremdes Mäppchen herunterwerfen	verärgert (erschrocken)	Rücksicht
35.	**Ein Elefant ohne Ohren**	sauer sein, weil etwas zu einem Kunstwerk gesagt wird	erschrocken (irritiert/ überrascht)	Freundlichkeit
36.	**Freundschaft**	Freundin beschimpfen, weil sie diesmal mit jemand anderem spielt	traurig (irritiert/ erschrocken)	Respekt (Klarheit)
37.	**Gruppenarbeit**	bei der Gruppenarbeit nicht mitarbeiten und sich über etwas anderes unterhalten	verärgert (wütend)	Zusammenhalt, Verlässlichkeit
38.	**Ordnung**	jemanden anschreien, weil er sein Zimmer nicht aufgeräumt hat	wütend (frustriert/ hilflos)	Hilfe

	Titel	Was ist passiert?	Gefühl	Bedürfnis
39.	**Der Neue**	ein neues Kind in der Pause nicht beachten	traurig	Wunsch nach Zugehörigkeit
40.	**Neue Schuhe**	versehentlich auf die neuen Schuhe treten	wütend (verärgert/ erschrocken)	Rücksichtnahme (möchte gesehen werden)
41.	**Schweigen**	Begrüßung nicht erwidern und sich ohne ein Wort wegdrehen	irritiert (überrascht)	Klarheit
42.	**Blutiges Knie**	mitbekommen, dass ein Freund Schmerzen hat	verzweifelt	Trost (Hilfe)
43.	**Wie langweilig**	eine Aufgabe als langweilig empfinden	frustriert	Sinn
44.	**Beim Abendessen**	beim Abräumen nicht mithelfen	frustriert (verzweifelt)	Schlaf, Erholung
45.	**Fußball**	Verlierermann-schaft veräppeln	verärgert (wütend)	Respekt (Fairness)
46.	**Na, Kleiner?**	einem kleineren, jüngeren Kind auf den Kopf klopfen	wütend (irritiert/ verärgert)	Respekt (möchte ernst genommen werden)

Titel		Was ist passiert?	Gefühl	Bedürfnis
47.	**Fasching**	aufgrund eines Kostüms auslachen	wütend (traurig/irritiert)	Respekt
48.	**Verabredung**	zu spät zur Verabredung kommen	enttäuscht (genervt/irritiert)	Verlässlichkeit
49.	**Mithelfen**	wegen Zuspätkommens ausschimpfen	aufgeregt (frustriert)	Verständnis
50.	**Was für ein Durcheinander**	nach Hause gehen, ohne beim Aufräumen zu helfen	frustriert (verärgert/ enttäuscht)	Hilfe
51.	**Lieblingsbuch**	Lieblingsbuch z. T. verknickt zurückgeben	enttäuscht (traurig/ überrascht)	Zuverlässigkeit, Wertschätzung (Buch ist einem wichtig)
52.	**Zappelig**	wegen Zappelns ermahnen	frustriert	zur Toilette gehen
53.	**Mathestunde**	mühevolle Arbeit der Lehrerin etwas lächerlich machen	frustriert (enttäuscht/ betrübt)	Wertschätzung/ Freundlichkeit/ Klarheit
54.	**Laut**	im Unterricht laut sein	nervös (unkonzentriert/ aufgeregt)	Ruhe
55.	**Mama ist immer beschäftigt**	keine Zeit für die Kinder haben	traurig (enttäuscht)	Nähe/ Geborgenheit

1. Schritt: BEOBACHTUNG

Was würde die Giraffe sagen?

Tipp:
Denke daran, dass die Giraffe genau beobachtet und nicht bewertet.

Kreuze Giraffenbeobachtungen an!

Du hast mich geschubst.	
Dein Stift sieht schön aus.	
Du redest ständig neben mir. Das nervt.	
Du hast mir den Ball bestimmt absichtlich an den Kopf geworfen.	
Heute hat es geschneit. Deshalb ist es glatt draußen.	
In der Klasse reden viele Kinder.	
Du hast mich von hinten geschubst, weil du mich ärgern wolltest.	
Du lachst mich aus.	
Du hast einen Hasen ohne Ohren gemalt.	
Du hast „Blödmann“ zu mir gesagt.	
Du hast heute am Treffpunkt nicht auf mich gewartet.	

ISBN 978-3-8346-4429-9 | www.verlagruhr.de

1. Schritt: BEOBACHTUNG – LÖSUNG

Was würde die Giraffe sagen?

Tipp:
Denke daran, dass die Giraffe genau beobachtet und nicht bewertet.

Kreuze Giraffenbeobachtungen an!

Du hast mich geschubst.	✗
Dein Stift sieht schön aus.	
Du redest ständig neben mir. Das nervt.	
Du hast mir den Ball bestimmt absichtlich an den Kopf geworfen.	
Heute hat es geschneit. Deshalb ist es glatt draußen.	✗
In der Klasse reden viele Kinder.	✗
Du hast mich von hinten geschubst, weil du mich ärgern wolltest.	
Du lachst mich aus.	
Du hast einen Hasen ohne Ohren gemalt.	✗
Du hast „Blödmann" zu mir gesagt.	✗
Du hast heute am Treffpunkt nicht auf mich gewartet.	✗

Illustrationen: Anna-Lena Kühler
ISBN 978-3-8346-4429-9 | www.verlagruhr.de

2. Schritt: GEFÜHLE

Findest du passende Gefühle?

1) Tina weint, weil jemand über sie gelacht hat.

   Tina ist ....

2) Ali läuft im Dunkeln immer ganz schnell nach Hause.

   Ali ist ....

3) Leon gelingt es nicht, die Rechenaufgabe zu lösen.

   Leon ist ....

4) Sofia freut sich auf das Treffen mit Julia.

   Sofia ist ....

5) Anton wird von Milan gegen die Wand geschubst.

   Anton ist ....

ISBN 978-3-8346-4429-9 | www.verlagruhr.de

2. Schritt: GEFÜHLE – LÖSUNG

Findest du passende Gefühle?

1) Tina weint, weil jemand über sie gelacht hat.

Tina ist traurig (wütend, verärgert, frustriert).

2) Ali läuft im Dunkeln immer ganz schnell nach Hause.

Ali ist ängstlich.

3) Leon gelingt es nicht, die Rechenaufgabe zu lösen.

Leon ist frustriert (hilflos).

4) Sofia freut sich auf das Treffen mit Julia.

Sofia ist fröhlich (voller Vorfreude).

5) Anton wird von Milan gegen die Wand geschubst.

Anton ist wütend (verärgert, erschrocken).

ISBN 978-3-8346-4429-9 | www.verlagruhr.de

3. Schritt: BEDÜRFNIS

Was brauchen die Kinder?

1) Keno möchte heute unbedingt zum Fußballtraining.

   Keno braucht ....

2) Luzi ist hingefallen, ihr Knie blutet. Sie weint.

   Luzi braucht ....

3) Marina versteht die Matheaufgabe nicht.

   Marina braucht ....

4) Linus ist allein und ruft seine Freunde Anton und Max an.

   Linus braucht ....

5) Mia bittet ihren Bruder, die Musik leiser zu drehen.

   Mia braucht ....

ISBN 978-3-8346-4429-9 | www.verlagruhr.de

3. Schritt: BEDÜRFNIS – LÖSUNG

Was brauchen die Kinder?

1) Keno möchte heute unbedingt zum Fußballtraining.

Keno braucht Bewegung.

2) Luzi ist hingefallen, ihr Knie blutet. Sie weint.

Luzi braucht Trost (Hilfe, Fürsorge, Verständnis).

3) Marina versteht die Matheaufgabe nicht.

Marina braucht Hilfe.

4) Linus ist allein und ruft seine Freunde Anton und Max an.

Linus braucht Gemeinschaft (Freundschaft, Spiel, Bewegung).

5) Mia bittet ihren Bruder, die Musik leiser zu drehen.

Mia braucht Ruhe (Rücksicht).

Illustrationen: Anna-Lena Kühler
ISBN 978-3-8346-4429-9 | www.verlagruhr.de

4. Schritt: BITTE

Bitte oder Forderung?

Kreuze an!	Bitte	Forderung
Geh weg da!		
Sei bitte leise!		
Könntest du damit aufhören?		
Bitte räum jetzt dein Zimmer auf!		
Kannst du mir helfen?		
Könntest du mehr Rücksicht nehmen?		
Du entschuldigst dich jetzt bitte!		
Kannst du etwas freundlicher mit mir reden?		
Schreib den Text ab!		
Wäre es möglich, dass du leiser bist?		
Hör auf damit!		
In 5 Minuten bist du bitte hier!		
Wäre es machbar für dich, beim nächsten Mal pünktlich zu sein?		
Könntest du auf meine Sachen achten?		

ISBN 978-3-8346-4429-9 | www.verlagruhr.de

4. Schritt: BITTE – LÖSUNG

Bitte oder Forderung?

Kreuze an!	Bitte	Forderung
Geh weg da!		X
Sei bitte leise!		X
Könntest du damit aufhören?	X	
Bitte räum jetzt dein Zimmer auf!		X
Kannst du mir helfen?	X	
Könntest du mehr Rücksicht nehmen?	X	
Du entschuldigst dich jetzt bitte!		X
Kannst du etwas freundlicher mit mir reden?	X	
Schreib den Text ab!		X
Wäre es möglich, dass du leiser bist?	X	
Hör auf damit!		X
In 5 Minuten bist du bitte hier!		X
Wäre es machbar für dich, beim nächsten Mal pünktlich zu sein?	X	
Könntest du auf meine Sachen achten?	X	

ISBN 978-3-8346-4429-9 | www.verlagruhr.de

Blanko-Karte vorn

Überlege mit einem anderen Kind oder schreibe es auf:

Was hat .... beobachtet?

Wie fühlt sich ....?

Was braucht ....?

Wie könnte er/sie eine Bitte formulieren?

....

....

....

....

Illustrationen: Anna-Lena Kühler
ISBN 978-3-8346-4429-9 | www.verlagruhr.de

Blanko-Karte hinten

LÖSUNGSVORSCHLAG

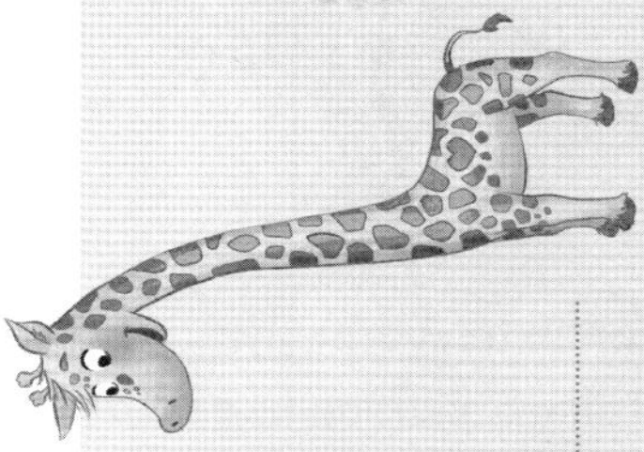

Das könnte .... sagen:

© Verlag an der Ruhr | Autorin: Simone Wölfel
Illustrationen: Anna-Lena Kühler
ISBN 978-3-8346-4429-9 | www.verlagruhr.de

Medientipps

Rosenberg, Marshall B.:
Eine Sprache des Herzens
Junfermann, 2016 (12. Auflage).
ISBN 978-3-955715724

Schöllmann, Sven/Schöllmann, Evelyn:
Respektvoll miteinander sprechen – Konflikten vorbeugen: 10 Trainingsmodule zur gewaltfreien Kommunikation in der Grundschule – von der Wolfssprache zur Giraffensprache
Verlag an der Ruhr, 2014.
ISBN 978-3-8346-2477-2

Kurt, Aline:
30 × soziales Lernen für 45 Minuten – Klasse 1/2
Verlag an der Ruhr, 2015.
ISBN 978-3-8346-2720-9

Kurt, Aline:
Resilienz entwickeln und stärken in der Grundschule
Verlag an der Ruhr, 2017.
ISBN 978-3-8346-3581-5

Lurz, Dominique/Scherrer, Barbara:
111 Ideen für selbständiges Präsentieren
Verlag an der Ruhr, 2013.
ISBN 978-3-8346-2430-7